Impressum
Verlag: BABADADA GmbH, Nedderfeld 112 , 22529 Hamburg
Geschäftsführer / Verlagsleitung: Harald Hof
Druck: Books on Demand GmbH, In de Tarpen 42, 22848 Norderstedt

Imprint
Publisher: BABADADA GmbH, Nedderfeld 112 , 22529 Hamburg, Germany
Managing Director / Publishing direction: Harald Hof
Print: Books on Demand GmbH, In de Tarpen 42, 22848 Norderstedt

el colegio

мактаб

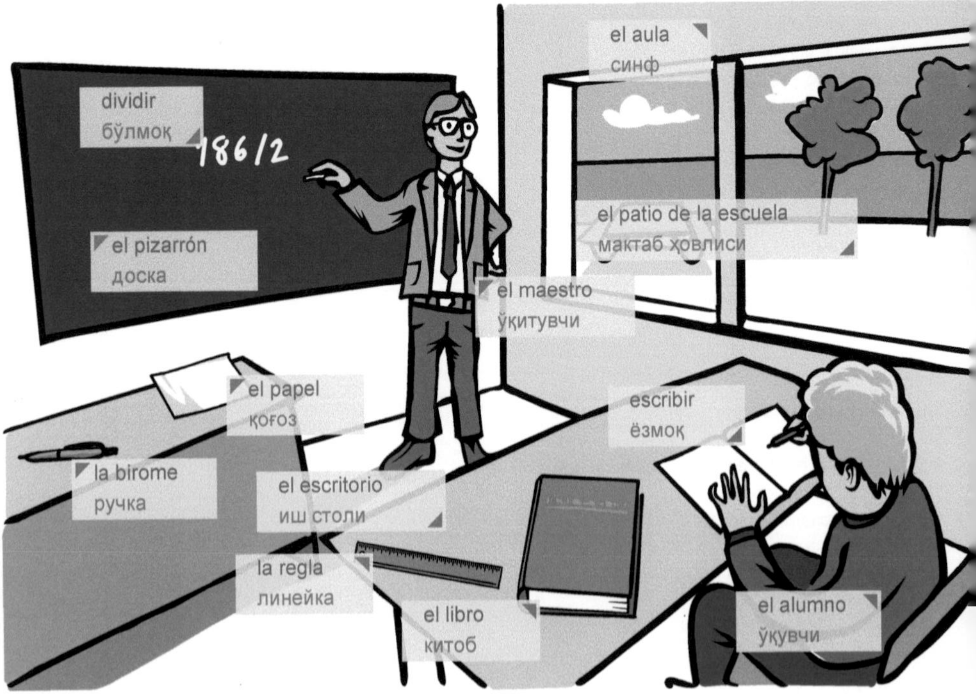

el aula
синф
dividir
бўлмоқ
186/2
el pizarrón
доска
el patio de la escuela
мактаб ҳовлиси
el maestro
ўқитувчи
el papel
қоғоз
escribir
ёзмоқ
la birome
ручка
el escritorio
иш столи
la regla
линейка
el libro
китоб
el alumno
ўқувчи

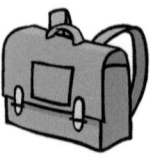

la mochila

осма сумка

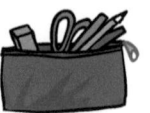

la caja de lápices

қаламдон

el lápiz

қалам

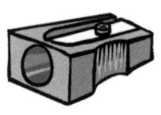

el sacapuntas

қалам учлагич

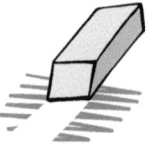

la goma (de borrar)

ўчиргич

el bloc de dibujo

расм албоми

el dibujo

чизмачилик

el pincel

бўёқ чўтка

la caja de pinturas

бўёқдон

la tijera

қайчи

el pegamento

елим

el cuaderno de ejercicios

машғулот дафтари

la tarea

уй иши

el número

рақам

sumar

қўшмоқ

restar

айирмоқ

multiplicar

кўпайтирмоқ

calcular

ҳисобламоқ

la letra

хат

el abecedario

алифбо

la palabra

сўз

el texto

матн

leer

ўқимоқ

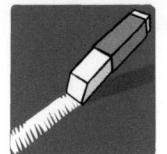

la tiza

бўр

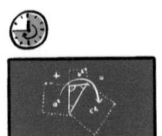

la lección

дарс

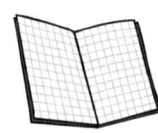

el cuaderno de clase

журнал

el examen

имтиҳон

el certificado

гувоҳнома

el uniforme escolar

мактаб формаси

la educación

таълим

la enciclopedia

қомус

la universidad

олийгоҳ

el microscopio

микроскоп

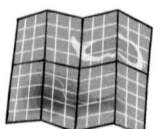

el mapa

харита

el tacho (de basura)

урна

el viaje

саёҳат

el hotel
меҳмонхона
Grand
el hostel
сайёҳлар ётоқхонаси
la casa de cambio
пул айирбошлаш шаҳобчаси
la valija
чемодан
el auto
машина

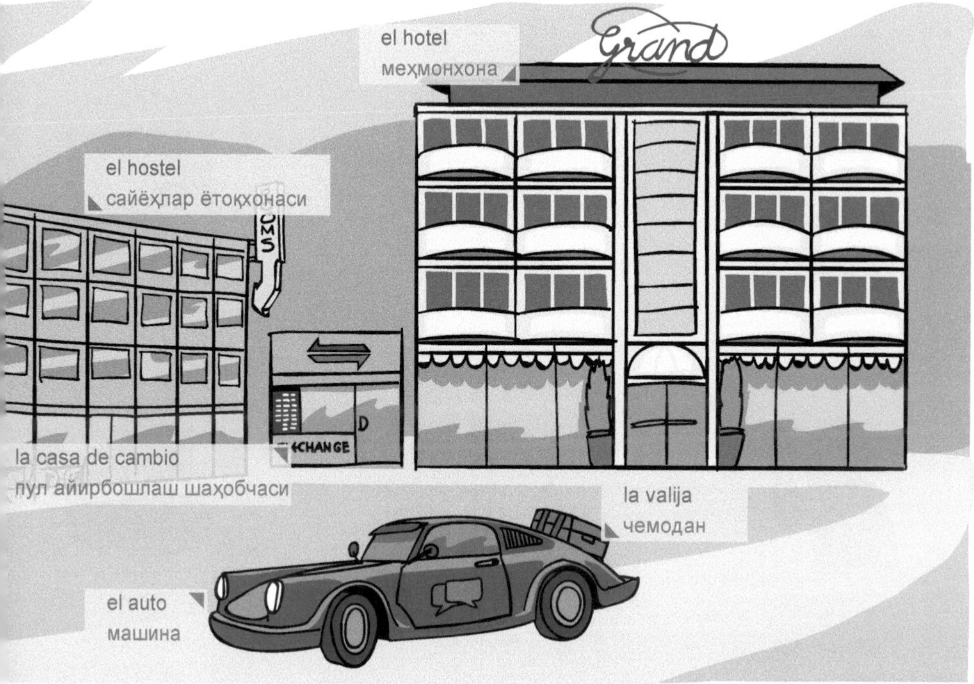

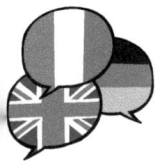

el idioma

тил

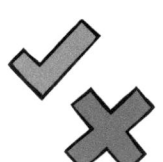

sí / no

ҳа / йўқ

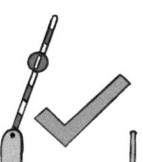

Está bien

Хўп

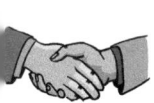

hola

салом

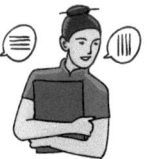

el traductor

таржимон

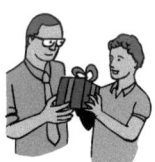

Gracias

Раҳмат

¿cuánto cuesta…?

неча пул…?

No entiendo

Тушунмадим

el problema

муаммо

¡Buenas tardes!

Хайрли кеч!

¡Buenos días!

Хайрли тонг!

¡Buenas noches!

Хайрли тун!

el adiós

кўришгунча

la dirección

йўналиш

el equipaje

йўловчи юки

el bolso

сафархалта

la mochila

юк халта

el invitado

меҳмон

la habitación

хона

la bolsa de dormir

уйқуқоп

la carpa

чодир

información turística
....
ёҳларга маълумот
бериш столи

la playa
....
пляж

la tarjeta de crédito
....
омонат карта

el desayuno
....
нонушта

el almuerzo
....
нонушта

la cena
....
кечки овқат

el pasaje
....
чипта

el ascensor
....
лифт

el sello
....
марка

la frontera
....
чегара

la aduana
....
божхона

la embajada
....
элчихона

la visa
....
виза

el pasaporte
....
паспорт

el transporte

транспорт

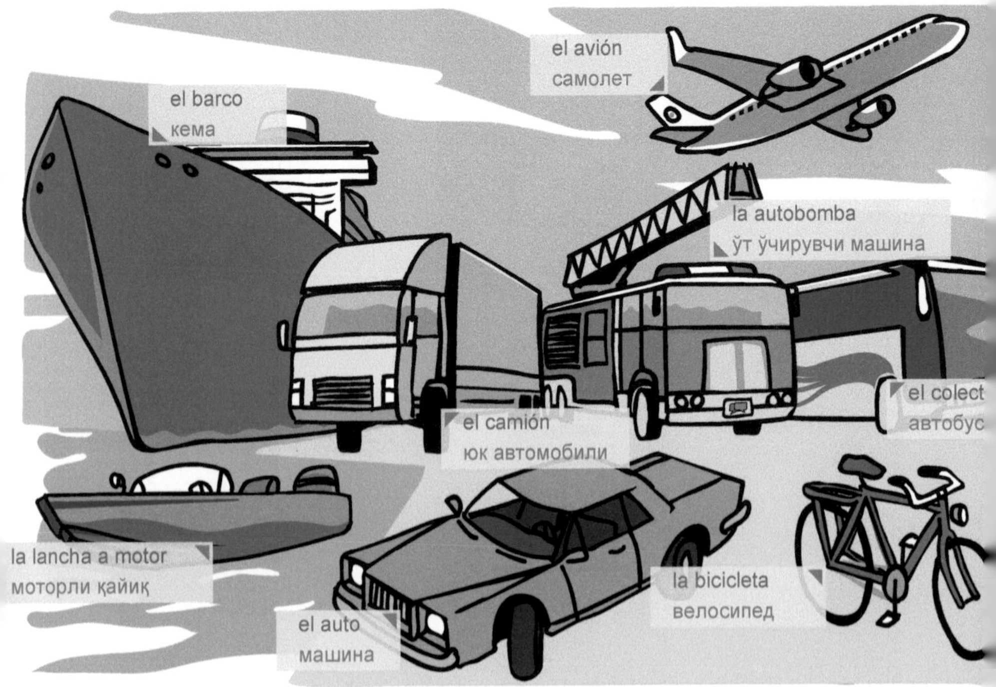
el avión
самолет
el barco
кема
la autobomba
ўт ўчирувчи машина
el colect
автобус
el camión
юк автомобили
la lancha a motor
моторли қайиқ
la bicicleta
велосипед
el auto
машина

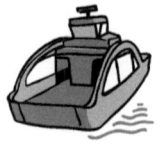

el ferry
солсимон ясси кема

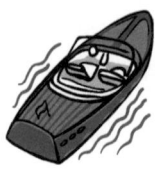

el bote
қайиқ

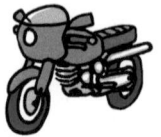

la moto
мотоцикл

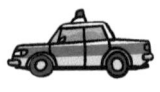

el patrullero
посбон машинаси

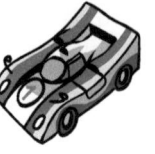

el auto de carreras
пойга машинаси

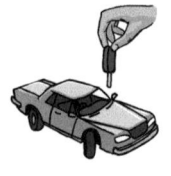

el auto de alquiler
ижарага олинган автоулов

el alquiler de autos

автоижара

la grúa

шатакка олувчи юк
автомобили

el camión de la basura

ахлат машинаси

el motor

мотор

la nafta

ёқилғи

la estación de servicio

ёқилғи қуйиш шаҳобчаси

a señal de tránsito

йўл белгиси

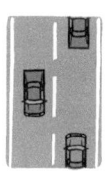

el tránsito

йўл ҳаракати

el embotellamiento

тирбанд

l estacionamiento

мобил тўхтаб туриш
жойи

la estación de tren

поезд бекати

las vías

рельс

el tren

поезд

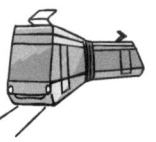

el tranvía

трамвай

el vagón

вагон

el helicóptero

вертолёт

el aeropuerto

аэропорт

la torre

минора

el pasajero

йўловчи

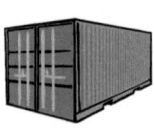

el contenedor

контейнер

la caja de cartón

қоғоз қути

la carretilla

аравача

la canasta

сават

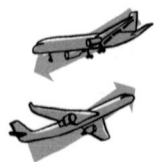

despegar / aterrizar

учмоқ / қўнмоқ

la ciudad

шаҳар

el pueblo

қишлоқ

el centro de la ciudad

шаҳар маркази

la casa

уй

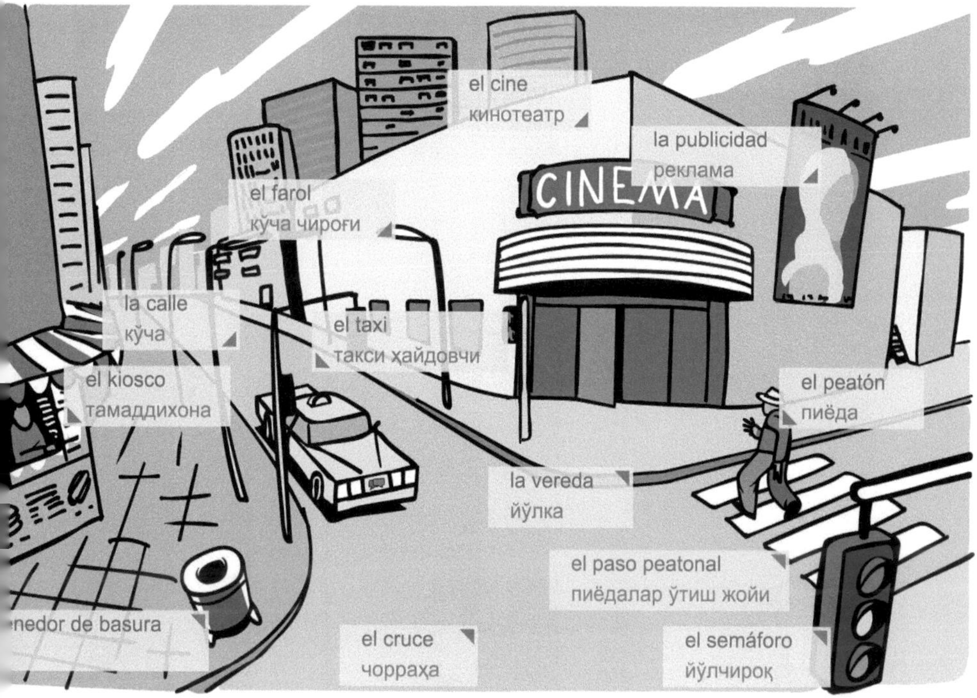

el cine
кинотеатр

la publicidad
реклама

el farol
кўча чироғи

la calle
кўча

el taxi
такси ҳайдовчи

el kiosco
тамаддихона

el peatón
пиёда

la vereda
йўлка

el paso peatonal
пиёдалар ўтиш жойи

nedor de basura

el cruce
чорраҳа

el semáforo
йўлчироқ

la cabaña
кулба

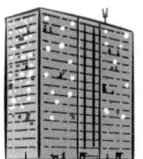

el departamento
квартира

la estación de tren
поезд бекати

la municipalidad
ҳаллий ҳокимият
биноси

el museo
музей

el colegio
мактаб

la universidad

олийгоҳ

el banco

банк

el hospital

шифохона

el hotel

меҳмонхона

la farmacia

дорихона

la oficina

идора

la librería

китоб дўкони

el negocio

дўкон

la florería

гул дўкони

el supermercado

супермаркет

el mercado

бозор

las grandes tiendas

универмаг

la pescadería

балиқ дўкони

el centro comercial

савдо маркази

el puerto

бандаргоҳ

el parque

истироҳат боғи

el banco

банк

el puente

кўприк

las escaleras

зинапоя

el subte

метро

el túnel

ер ости йўли

parada del colectivo

автобус бекати

el bar

бар

el restaurante

ресторан

el buzón

почта қутиси

el letrero

кўча ёзув осма тахтаси

el parquímetro

тўхтаб туриш вақтини ҳисоблагич

el zoológico

ҳайвонот боғи

la pileta

бассейн

la mezquita

масжид

la granja

чорвачилик хўжалиги

la contaminación

атроф-муҳит
ифлосланиши

el cementerio

қабристон

la iglesia

ибодатхона

los juegos infantiles

болалар ўйингоҳи

el templo

эҳром

el paisaje

манзара

la hoja
япроқ

el poste indicador
йўлкўрсатгич

el camino
йўл

la pradera
ўтлоқ

la piedra
тош

el árbol
дарахт

el excursionista
пиёда сайёх

el río
дарё

la hierba
майса

la flor
гул

el valle

водий

la montaña

қир

el lago

кўл

el bosque

ўрмон

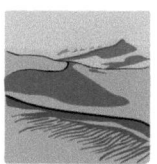

el desierto

чўл

el volcán

вулкан

el castillo

қалъа

el arco iris

камалак

el champiñón

кўзиқорин

la palmera

пальма дарахти

el mosquito

пашша

la mosca

чивин

la hormiga

чумоли

la abeja

асалари

la araña

ўргимчак

el escarabajo

қўнғиз

la rana

қурбақа

la ardilla

олмахон

el erizo

типратикон

la liebre

қуён

la lechuza

укки

el pájaro

қуш

el cisne

оққуш

el jabalí

эркак чўчқа

el ciervo

буғу

el alce

бутоқ шохли кийик

la presa

тўғон

el aerogenerador

шамол генератори

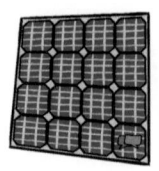

el panel solar

қуёш батареяси

el clima

иқлим

el paisaje - манзара

el mozo
официант

el menú
таомнома

la silla
стул

la sopa
шўрва

la pizza
пицца

los cubiertos
ошхона анжомлари

el mantel
дастурхон

la entrada
газак

el plato principal
асосий таом

el postre
десерт

las bebidas
ичимликлар

la comida
таом

la botella
бутилка

la comida rápida

тез пишар таом

la comida callejera

кўча таоми

la tetera

чойнак

la azucarera

шакардон

la porción

порция

la cafetera expreso

эспрессо кофе машинаси

la sillita alta

болалар курсичаси

la cuenta

ҳисоб

la bandeja

лаган

el cuchillo

пичоқ

el tenedor

санчқи

la cuchara

қошиқ

la cucharita

чой қошиқ

la servilleta

кўл сочиқ

el vaso

стакан

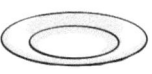

el plato

ликоп

el plato hondo

шўрва коса

el plato

тақсимча

la salsa

қайла

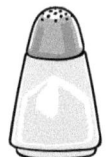

el salero

туздон

el molinillo de pimienta

қалампир янчгич

el vinagre

сирка

el aceite

ёғ

las especias

зираворлар

el kétchup

кетчуп

la mostaza

хантал

la mayonesa

майонез

el supermercado

супермаркет

la oferta especial
чегирма
FOR
el cliente
мижоз
los lácteos
сут маҳсулотлари
la fruta
мева
el changuito
харид араваси

BUTCHERS

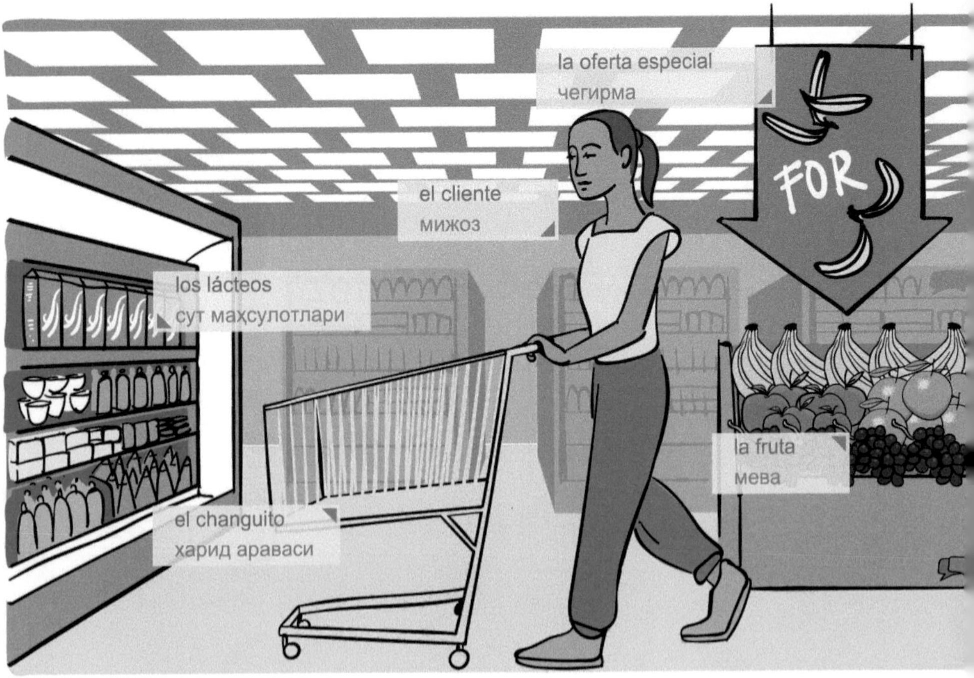

la carnicería

қассобхона

BAKERY

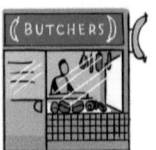

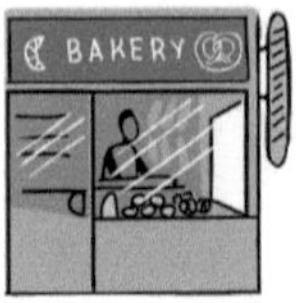

la panadería

нонвойхона

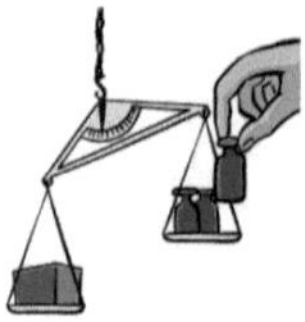

pesar

тарозида ўлчамоқ

las verduras

сабзавот

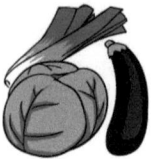

la carne

гўшт

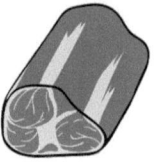

los alimentos congelados

музлатилган таомлар

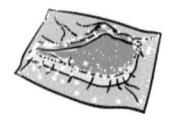

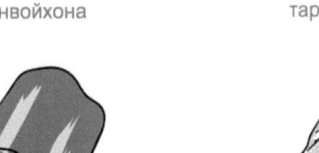

los fiambres

яхна гӯшт

los alimentos enlatados

консерва

el detergente en polvo

кир ювиш воситаси

las golosinas

ширинликлар

los electrodomésticos

кундалик истеъмол
моллар

los productos de limpieza

ювиш воситалари

la vendedora

сотувчи

la caja

касса аппарати

el cajero

ғазначи

lista de compras

харид рӯйхати

el horario de atención

иш вақти

la billetera

ҳамён

tarjeta de crédito

омонат карта

la cartera

халта

la bolsa de plástico

целлофан халта

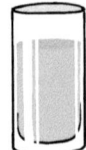

el agua

сув

el jugo

шарбат

la leche

сут

la bebida cola

кока-кола

el vino

вино

la cerveza

пиво

el alcohol

спиртли ичимлик

el cacao

какао

el té

чой

el café

кофе

el café expreso

эспрессо

el cappuccino

капучино

la banana

банан

la manzana

олмахон

la naranja

апельсин

el melón

қовун

el limón

лимон

la zanahoria

сабзи

el ajo

саримсоқ

el bambú

бамбук

la cebolla

пиёз

el champiñón

кўзиқорин

las nueces

ёнғоқ

los fideos

лағмон

los tallarines

спагетти

el arroz

гуруч

la ensalada

салат

las papas fritas

картошка-фри

las papas fritas

қовурилган картошка

la pizza

пицца

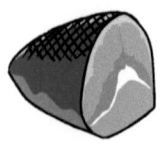

la hamburguesa

гамбургер

el sándwich

сэндвич

el churrasco

тўқмоқланган тўш қиймаси

el jamón

дудланган чўчқа гўшти

el salame

салями колбасаси

la salchicha

сосиска

el pollo

товуқ гўшти

el asado

қовурилган

el pescado

балиқ

la comida - таом

los copos de avena

сули бӯтқаси

el muesli

мюсли

los copos de maíz

маккажӯхори ёрмаси

la harina

ун

la medialuna

француз булочкаси

el pancito

булочка

el pan

нон

la tostada

қизартирилган нон бӯлаги

las galletitas

пиширик

la manteca

сариёғ

la cuajada

творог

la torta

пирог

el huevo

тухум

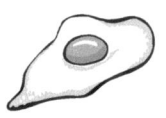

el huevo frito

қовурилган тухум

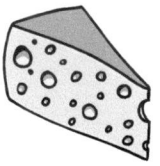

el queso

пишлоқ

la comida - таом

el helado

музқаймоқ

el azúcar

шакар

la miel

асал

la mermelada

мураббо

la pasta de chocolate

шоколад пастаси

el curry

зарчава

la granja

чорвачилик хўжалиги

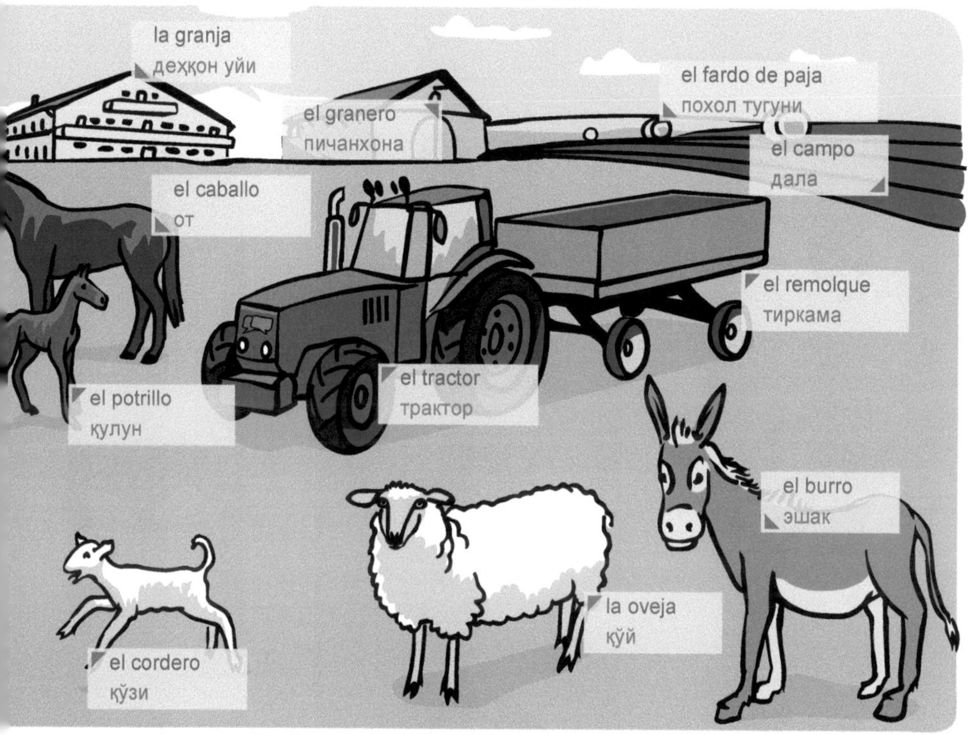
la granja
деҳқон уйи
el granero
пичанхона
el fardo de paja
похол тугуни
el campo
дала
el caballo
от
el remolque
тиркама
el tractor
трактор
el potrillo
қулун
el burro
эшак
la oveja
қўй
el cordero
қўзи

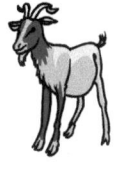

la cabra

эчки

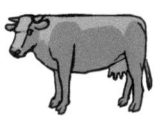

la vaca

сигир

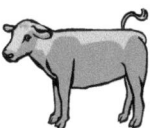

el ternero

бузоқ

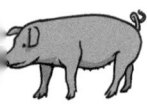

el cerdo

чўчқа

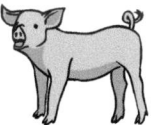

el lechón

чўчқа боласи

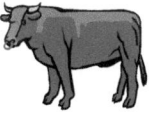

el toro

буқа

el ganso

ғоз

el pato

ўрдак

el pollo

жўжа

la gallina

товуқ

el gallo

хўроз

la rata

каламуш

el gato

мушук

el ratón

сичқон

el buey

хўкиз

el perro

ит

la cucha

каталак

la manguera

ҳовли боғ шланги

la regadera

гулчелак

la guadaña

белўроқ

el arado

темир омоч

la hoz

қўлўроқ

la azada

чопқи

la horquilla

паншаха

el hacha

болта

la carretilla

ғалтакарава

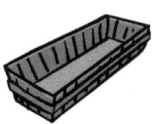

el abrevadero

охур

la lechera

сут бидони

la bolsa

тўрва

la reja

панжара

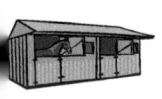

el establo

оғилхона

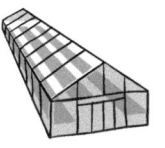

el invernadero

иссиқхона

el suelo

тупроқ

la semilla

уруғ

el fertilizador

ўғит

la cosechadora

комбайн

cosechar

ҳосил олмоқ

la cosecha

йиғим-терим

las batatas

ямс

el trigo

буғдой

la soja

соя

la papa

картошка

el maíz

маккажўхори

la semilla de colza

рапс уруғи

el árbol frutal

мевали дарахт

la mandioca

маниок

los cereales

ёрма

la casa
уй

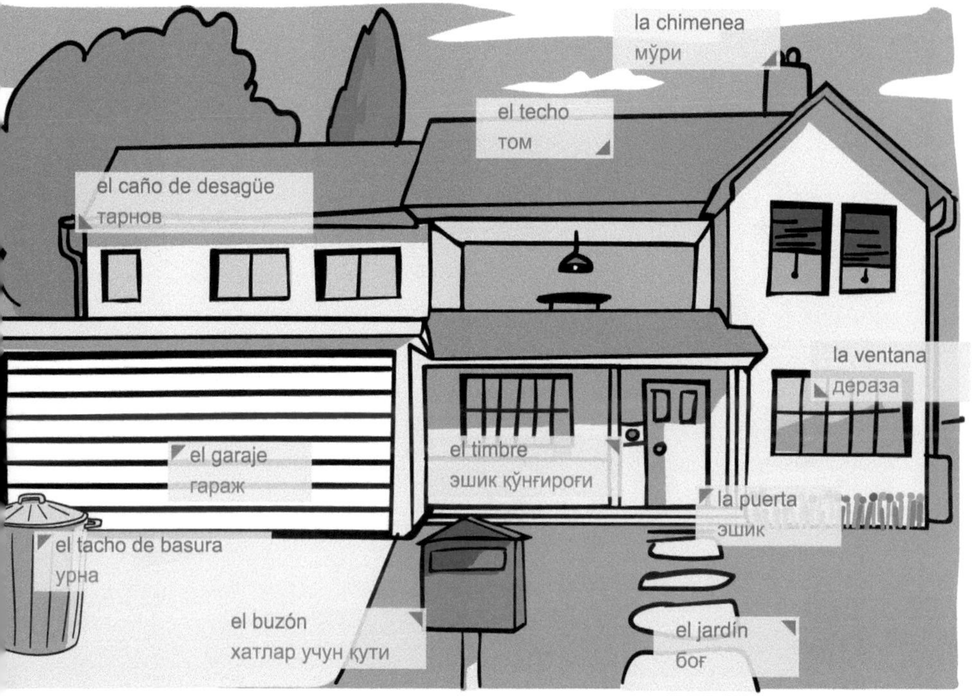

la chimenea
мўри
el techo
том
el caño de desagüe
тарнов
la ventana
дераза
el garaje
гараж
el timbre
эшик қўнғироғи
la puerta
эшик
el tacho de basura
урна
el buzón
хатлар учун қути
el jardín
боғ

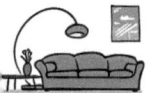

el living

мехмонхона

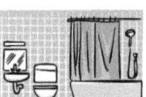

el baño

ваннахона

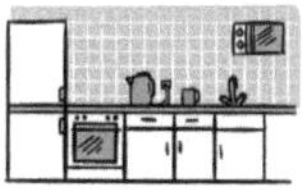

la cocina

ошхона

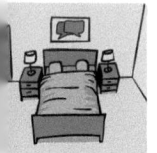

el dormitorio

ётоқхона

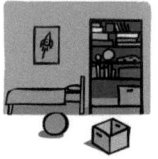

el cuarto de los chicos

болалар хонаси

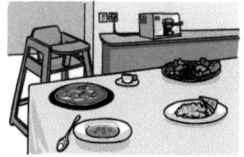

el comedor

ошхона

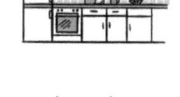

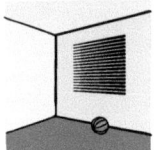

el piso

пол

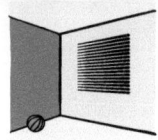

la pared

девор

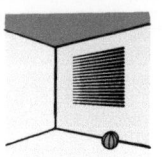

el cielorraso

шип

el sótano

подвал

el sauna

сауна

el balcón

болохона айвони

la terraza

айвон

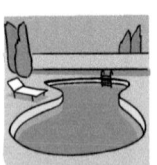

la pileta

бассейн

la cortadora de pasto

ўт ўргич машина

la sábana

кўрпажилд

el acolchado

чойшаб

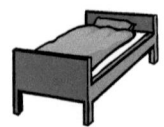

la cama

кроват

la escoba

супурги

el balde

пақир

el interruptor

мурват

el living
меҳмонхона

el empapelado
гулқоғоз
la imagen
сурат
la lámpara
чироқ
el estante
токча
el armario
жавон
la televisión
телевизор
la chimenea
ўчоқ
la flor
гул
el almohadón
ёстиқ
el sofá
диван
el florero
гулдон
el control remoto
масофадан бошқариш пульти

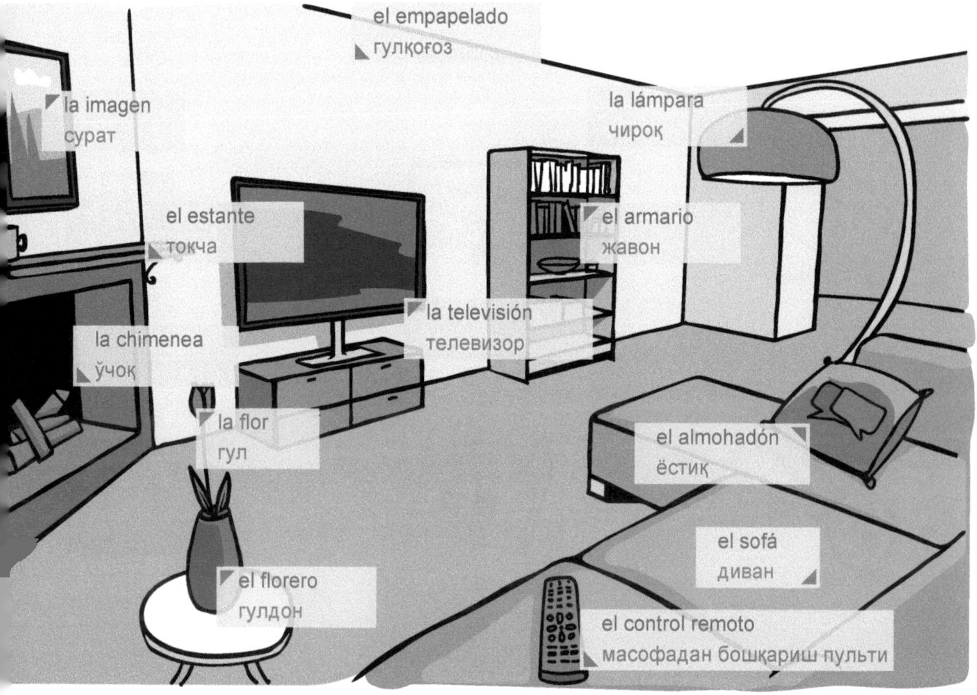

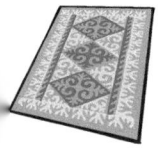

la alfombra

гилам

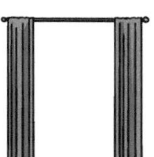

la cortina

парда

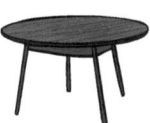

la mesa

стол

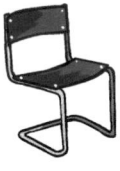

la silla

стул

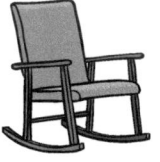

la mecedora

тебранма курси

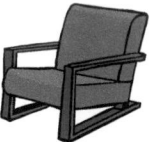

el sillón

кресло

el libro

китоб

la frazada

кўрпа

la decoración

ҳашам

la leña

ўтин

la película

кино

el equipo de música

стерео қурилма

la llave

калит

el diario

рўзнома

la pintura

расм

el póster

плакат

la radio

радио

el cuaderno

ён дафтар

la aspiradora

чанг ютгич

el cactus

кактус

la vela

шам

el living - меҳмонхона

la cocina
ошхона

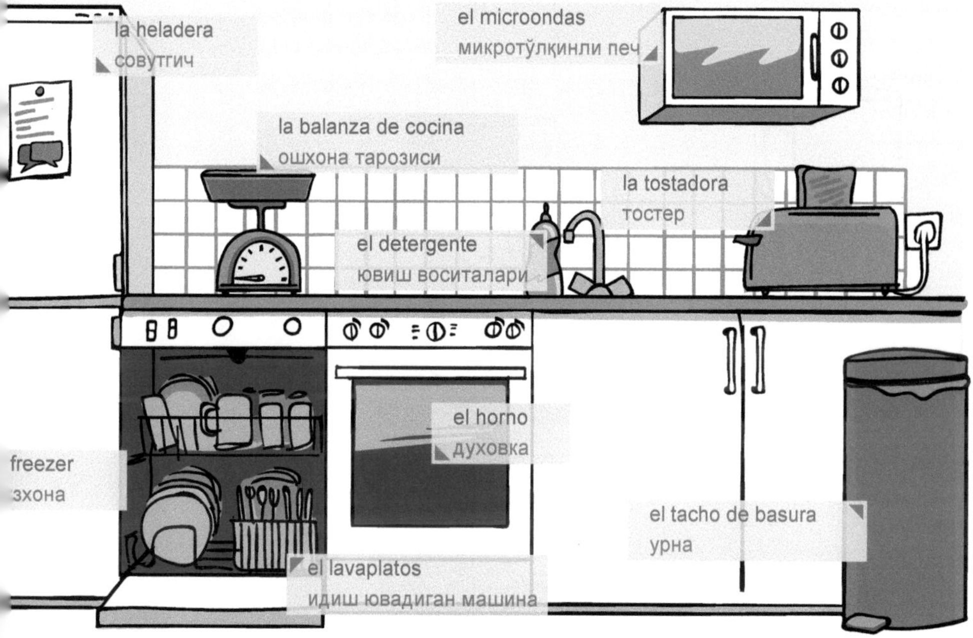

la heladera
совутгич
el microondas
микротўлқинли печ
la balanza de cocina
ошхона тарозиси
la tostadora
тостер
el detergente
ювиш воситалари
el horno
духовка
freezer
зхона
el tacho de basura
урна
el lavaplatos
идиш ювадиган машина

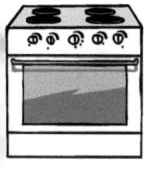

la cocina

плита

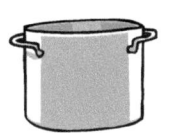

la olla

кастрюль

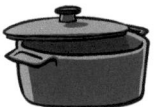

la olla de hierro fundido

чўян қозон

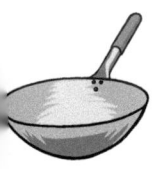

el wok

ртма тубли това

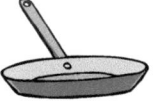

la sartén

това

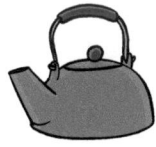

la pava

човгун

la vaporera

мантиқасқон

la bandeja de horno

тунука това

la vajilla

идиш

la taza

кружка

el bol

коса

los palitos

таом ейиш таёқчалари

el cucharón

чўмич

la espátula

куракча

la batidora

кўпиртиргич

el colador

элак

el colador

элак

el rallador

қирғич

el mortero

ҳовонча

la parrilla

гриль

la fogata

олов

la tabla de picar

оштахта

el palo de amasar

жува

el sacacorchos

пармасимон тиқин очгич

la lata

консерва

el abrelatas

консерва очгич

la manopla

тутгич

la pileta

унитаз

el cepillo

идиш чўтка

la esponja

қозонсочиқ

la batidora

қориштиргич

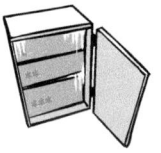

el congelador

музлатгич

la mamadera

сўрғичли чақалоқ
бутилкаси

la canilla

кран

el baño
ваннахона

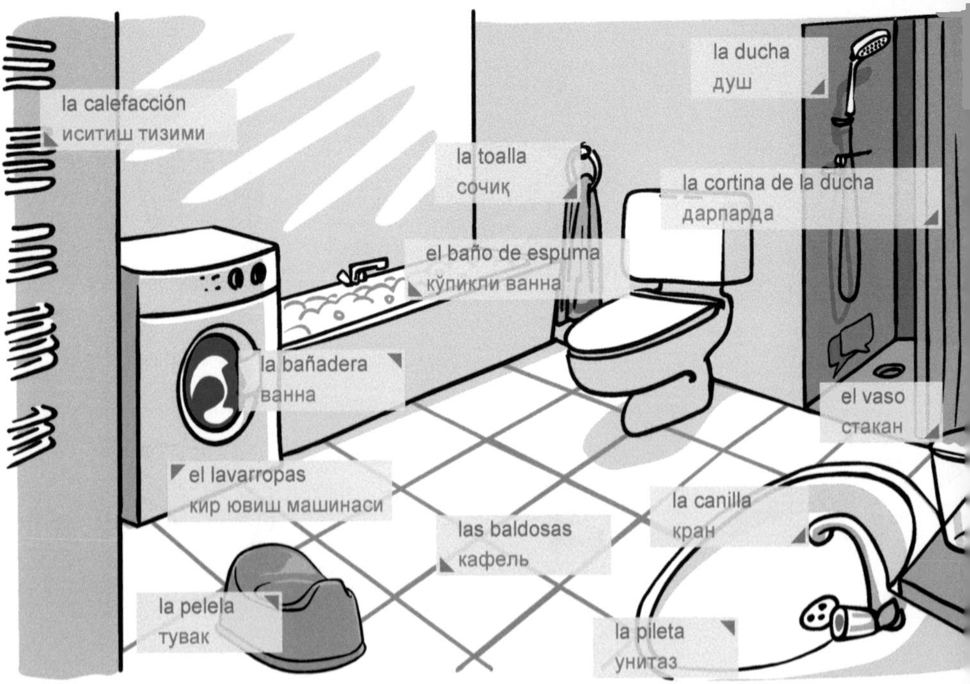

la ducha
душ

la calefacción
иситиш тизими

la toalla
сочиқ

la cortina de la ducha
дарпарда

el baño de espuma
кўпикли ванна

la bañadera
ванна

el vaso
стакан

el lavarropas
кир ювиш машинаси

la canilla
кран

las baldosas
кафель

la pelela
тувак

la pileta
унитаз

el inodoro

хожатхона

la letrina

полга ўрнатиладиган
унитаз

el bidé

таҳоратдон

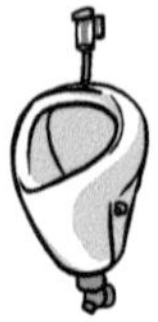

el mingitorio

сийдик унитази

el papel higiénico

хожатхона қоғози

el cepillo para el inodoro

хожатхона чўткаси

cepillo de dientes

тиш чўтка

el dentífrico

тиш пастаси

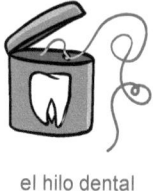

el hilo dental

тиш тозалагич ип

lavar

ювмоқ

la ducha de mano

дастакли душ

la ducha higiénica

таҳорат учун душ

la palangana

тоғора

el cepillo para la espalda

елка қашлайдиган чўтка

el jabón

совун

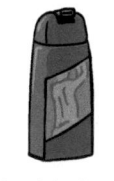

el gel de ducha

душ учун гель

el shampoo

шампунь

la toallita

мочалка

el desagüe

қувур

la crema

крем

el desodorante

дезодарант

el espejo

кўзгу

el espejito

қўл кўзгуси

la maquinita de afeitar

устара

la espuma de afeitar

устара учун кўпик

el aftershave

салқинлантирувчи
бальзам

el peine

тароқ

el cepillo

чўтка

el secador de pelo

фен

el spray

соч учун лак

el maquillaje

пардоз-андоз

el lápiz de labios

лаб учун помада

el esmalte para uñas

тирноқ лаки

el algodón

пахта

la tijera para uñas

тирноқ қайчиси

el perfume

духи

el portacosméticos

пдоз-андоз халтаси

la banqueta

курси

la balanza

тарози

la bata

нўмилиш халати

los guantes de goma

резина қўлқоп

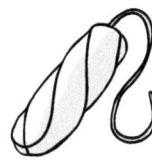

el tampón

тампон

toallita femenina

гигиеник таглик

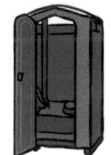

el baño químico

биоҳожатхона

el cuarto de los chicos

болалар хонаси

el despertador
бонг соат
el peluche
юмшоқ ўйинчоқ
el coche de juguete
ўйинчоқ машина
el sonajero
шақилдоқ
la casa de muñecas
қўғирчоқ уй
el regalo
совға

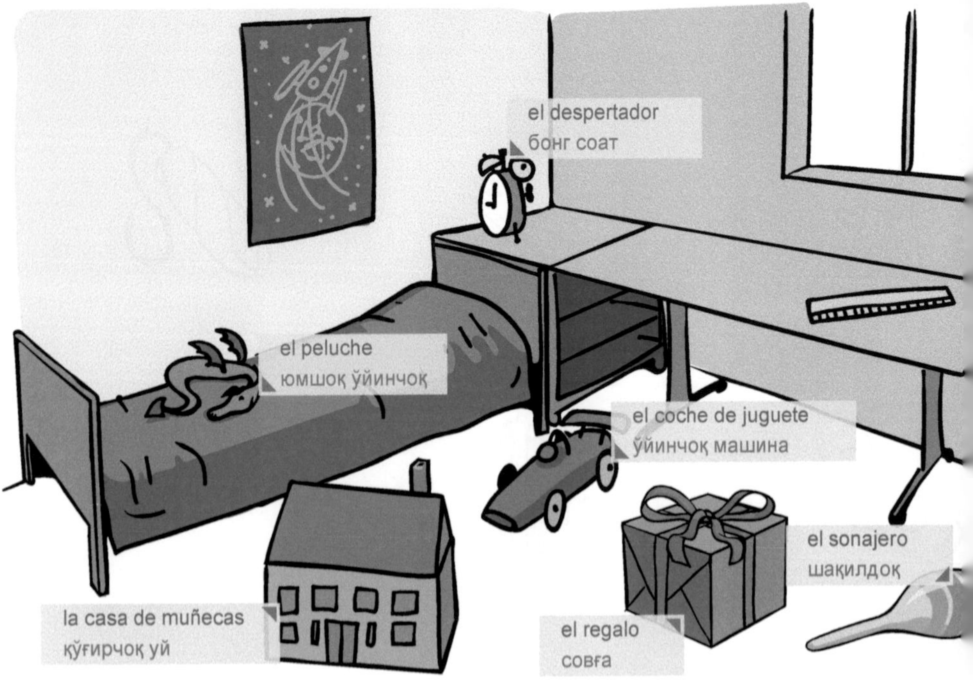

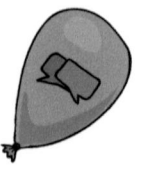

el globo

шар

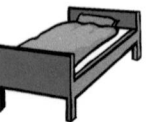

la cama

кроват

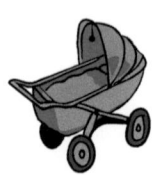

el cochecito

болалар аравачаси

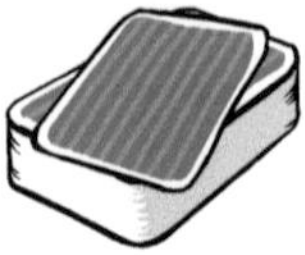

las cartas

карта тўплами

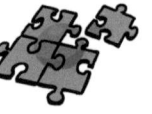

el rompecabezas

терма тасвир

SUPER
MEGA

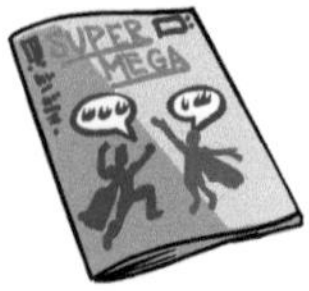

la historieta

кулгили саҳна асари

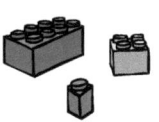

as piezas de lego

лего ғиштлари

los ladrillos de juguete

ўйинчоқ кубиклар

la figura de acción

ўйинчоқ қаҳрамон

enterito (de bebé)

ползунка

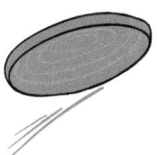

el frisbee

учар ликопча

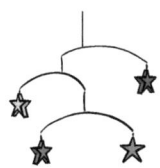

el móvil para bebés

осма шақилдоқ

el juego de mesa

стол ўйини

los dados

ошиқ

el tren eléctrico

поезд макети

el chupete

сўрғич

la fiesta

ўтириш

el libro de cuentos ilustrado

расмли китоб

la pelota

копток

la muñeca

қўғирчоқ

jugar

ўйнамоқ

el arenero

қумдон

la hamaca

арғимчоқ

los juguetes

ўйинчоқлар

la consola de videojuegos

ўйин приставкаси

el triciclo

уч ғилдиракли велосипед

el osito de peluche

бахмал айиқ

el armario

кийим шкафи

la ropa

кийим

las medias

пайпоқ

las medias panty

чулки

las calzas

колготка

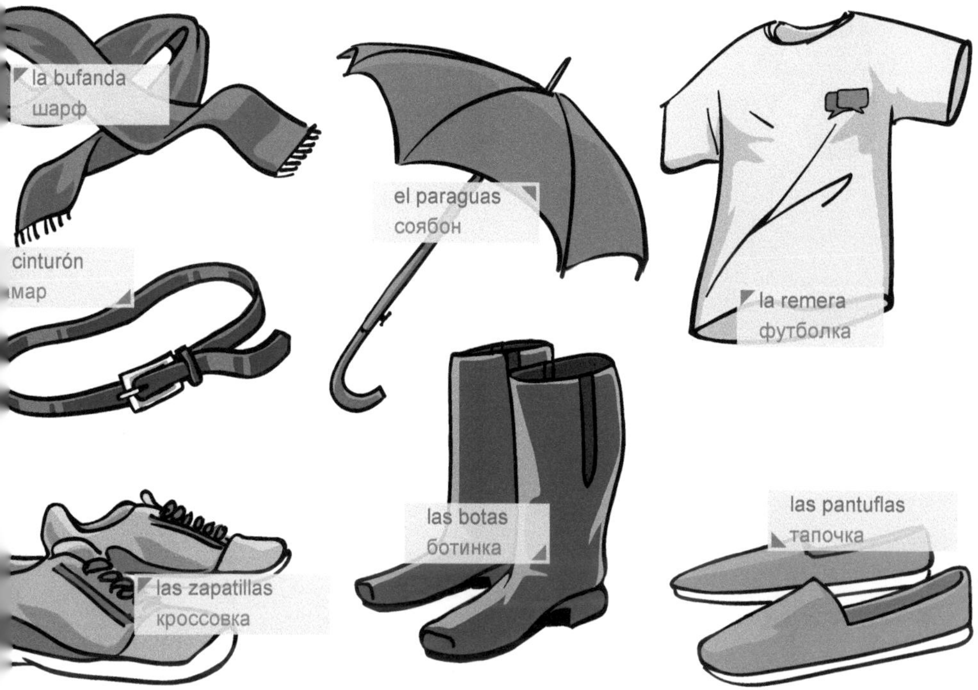

la bufanda
шарф

el paraguas
соябон

la remera
футболка

cinturón
мар

la botas
ботинка

las pantuflas
тапочка

las zapatillas
кроссовка

las sandalias

шиппак

los zapatos

туфли

las botas de goma

резина этик

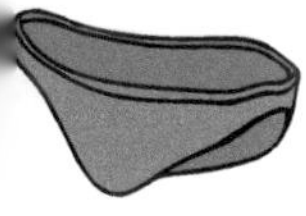

la ropa interior

тор турсик

el corpiño

кўкракпеч

el chaleco

майка

el body

боди

los pantalones

иштон

los jeans

жинси

la pollera

юбка

la blusa

кофта

la camisa

кўйлак

el pulóver

жемпер

el buzo

узун чакмон

el blazer

спорт бичимидаги пиджак

la campera

куртка

el tapado

пальто

el piloto

плаш

el traje

либос

el vestido

кўйлак

el vestido de novia

келин кўйлак

la ropa - кийим

el traje

костюм шим

el camisón

тунги кўйлак

el pijama

пижама

el sari

сари

el pañuelo para la cabeza

шолрўмол

el turbante

салла

la burka

паранжи

el caftán

чакмон

la abaya

абая

el traje de baño

милиш костюми

el short de baño

турсик

los shorts

шортик

el jogging

спорт костюми

el delantal

фартук

los guantes

қўлқоп

el botón

тугма

los anteojos

кўзойнак

la pulsera

билагузук

el collar

мунчоқ

el anillo

узук

el aro

сирға

la gorra

кепка

la percha

пальто илгак

el sombrero

шляпа

la corbata

бўйинбоғ

el cierre

замок

el casco

дубулға

los tiradores

шим тортгич

el uniforme escolar

мактаб формаси

el uniforme

форма

el babero
ошхўрак

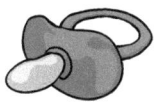

el chupete
сўрғич

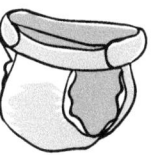

el pañal
таглик

la oficina

идора

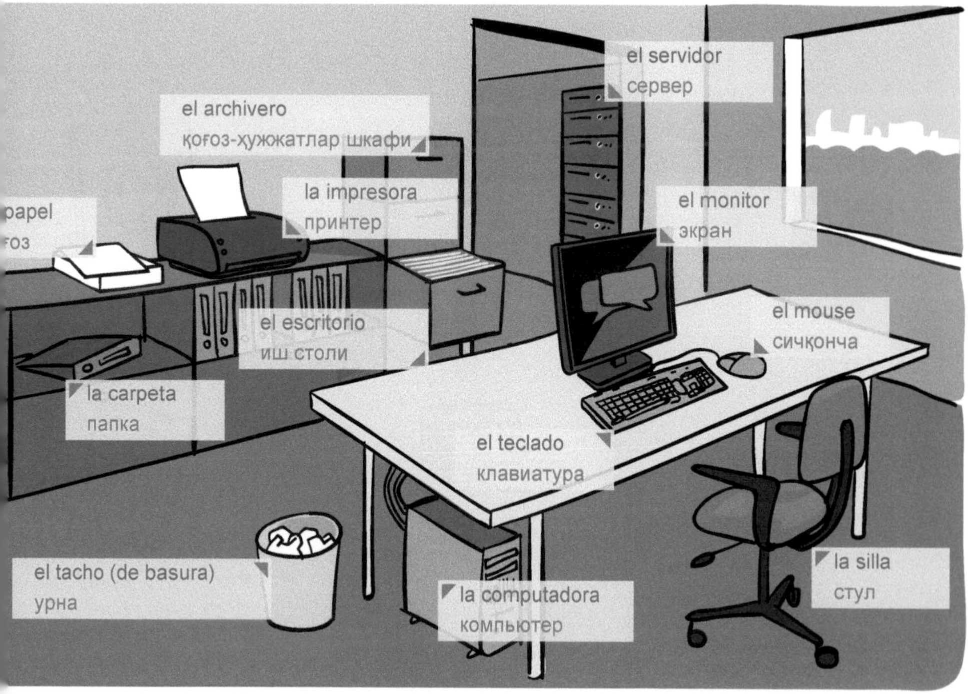

el servidor
сервер

el archivero
қоғоз-хужжатлар шкафи

la impresora
принтер

el monitor
экран

papel
ғоз

el escritorio
иш столи

el mouse
сичқонча

la carpeta
папка

el teclado
клавиатура

el tacho (de basura)
урна

la silla
стул

la computadora
компьютер

la taza de café
кофе кружкаси

la calculadora
калькулятор

el internet
интернет

la laptop

ноутбук

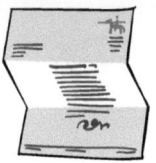

la carta

хат

el mensaje

мактуб

el celular

уяли телефон

la red

тармоқ

la fotocopiadora

нусха кўчиргич

el software

дастур

el teléfono

телефон

el tomacorriente

розетка

el fax

факс

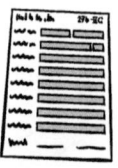

el formulario

шакллар

el documento

хужжат

comprar

харид қилмоқ

pagar

тўламоқ

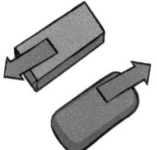

hacer negocios

савдолашмоқ

el dinero

пул

 USD

el dólar

доллар

 EUR

el euro

евро

JPY

el yen

йен

RUB

el rublo

рубль

CHF

el franco suizo

швейцар франки

CNY

el yuan

миньби хитой юани

INR

la rupia

рупи

el cajero automático

банкомат

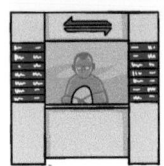

la casa de cambio

пул айирбошлаш
шаҳобчаси

el oro

олтин

la plata

кумуш

el petróleo

нефт

la energía

энергия

el precio

нарх

el contrato

шартнома

el impuesto

солиқ

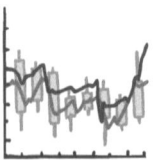

la acción

акция

trabajar

ишламоқ

el empleado

ишчи

el empleador

иш берувчи

la fábrica

завод

el negocio

дўкон

las ocupaciones
касблар

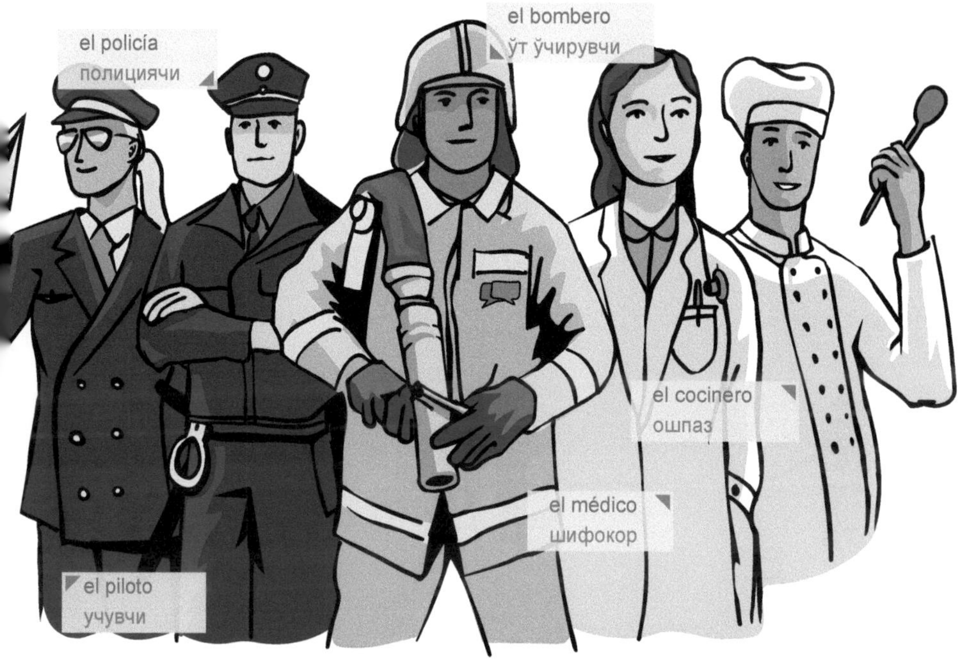
el policía
полициячи
el bombero
ўт ўчирувчи
el cocinero
ошпаз
el médico
шифокор
el piloto
учувчи

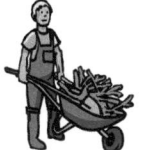

el jardinero
боғбон

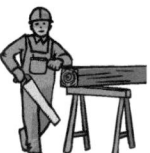

el carpintero
дурадгор

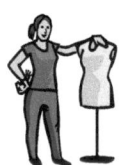

la modista
тикувчи

el juez
ҳакам

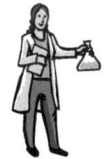

el farmacéutico
кимёгар

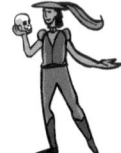

el actor
актёр

el colectivero

автобус ҳайдовчиси

el taxista

такси ҳайдовчи

el pescador

балиқчи

la mucama

фаррош

el techista

том устаси

el mozo

официант

el cazador

овчи

el pintor

бўёқчи

el panadero

нонвой

el electricista

электр устаси

el albañil

қурувчи

el ingeniero

муҳандис

el carnicero

қассоб

el plomero

сувчи чилангар

el cartero

почтачи

el soldado
аскар

el arquitecto
меъмор

el cajero
ғазначи

el florista
гулчи

el peluquero
сартарош

el cobrador
чиптачи

el mecánico
механик

el capitán
капитан

el dentista
тиш шифокори

el científico
олим

el rabino
яхудийлар руҳонийси

el imán
имом

el monje
роҳиб

el sacerdote
руҳоний

las herramientas
асбоблар

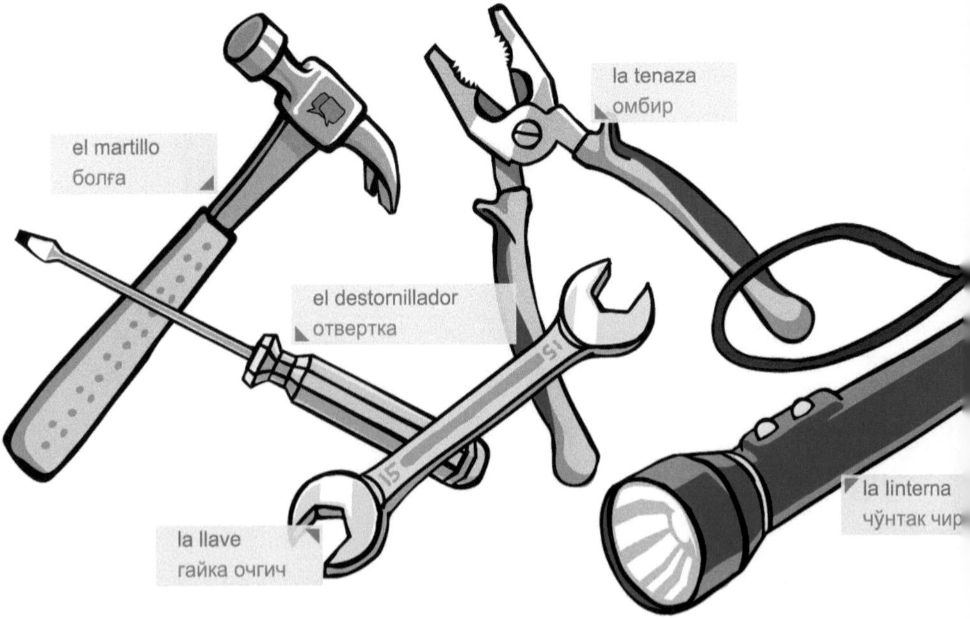
el martillo
болға
la tenaza
омбир
el destornillador
отвертка
la llave
гайка очгич
la linterna
чўнтак чир

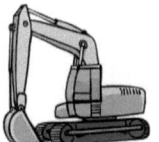

la excavadora

экскаватор

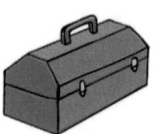

la caja de herramientas

асбоблар қутиси

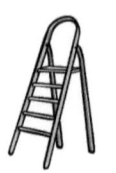

la escalera portátil

нарвон

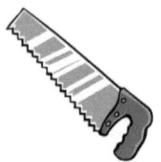

la sierra

қўларра

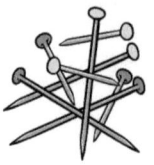

los clavos

мих

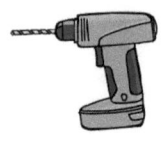

el taladro

пармадаста

arreglar

тузатмоқ

la pala de jardín

белкурак

¡Qué bronca!

Жин урсин!

a pala de plástico

хокандоз

el tacho de pintura

бўёқ идиш

los tornillos

бурама мих

los instrumentos musicales

мусиқа асбоблари

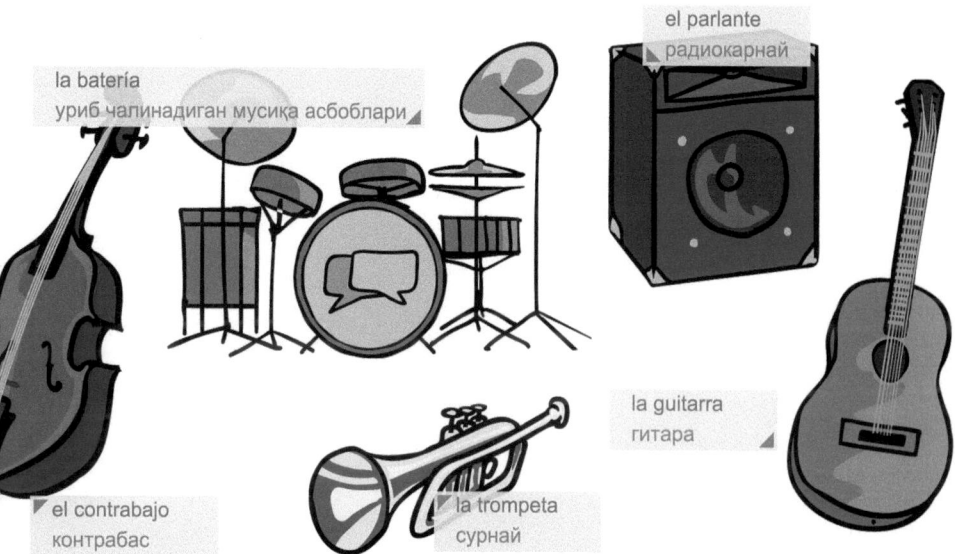

el parlante
радиокарнай

la batería
уриб чалинадиган мусиқа асбоблари

la guitarra
гитара

el contrabajo
контрабас

la trompeta
сурнай

el piano

пианино

el violín

ғижжак

el bajo

бас-гитара

los timbales

қўшноғора

el tambor

дўмбира

el teclado

клавиатура

el saxofón

саксофон

la flauta

най

el micrófono

микрофон

el zoológico
ҳайвонот боғи

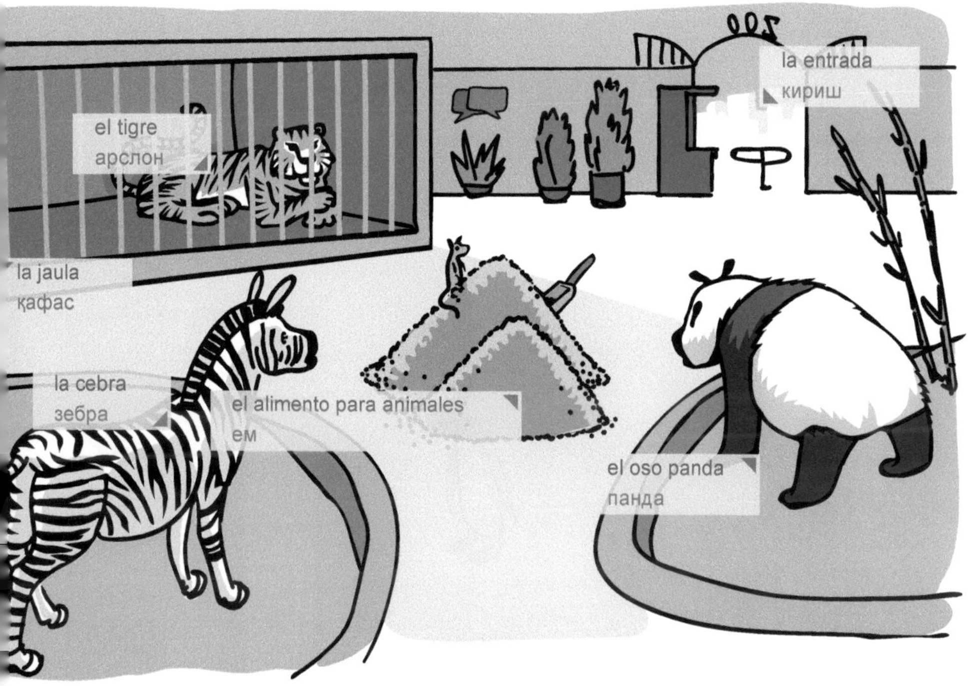
la entrada
кириш
el tigre
арслон
la jaula
қафас
la cebra
зебра
el alimento para animales
ем
el oso panda
панда

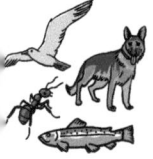

los animales
ҳайвонлар

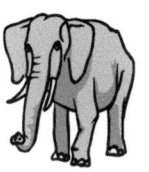

el elefante
фил

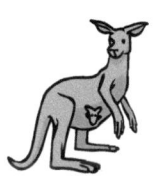

el canguro
кенгуру

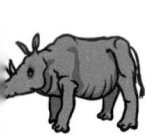

el rinoceronte
каркидон

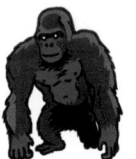

el gorila
горилла

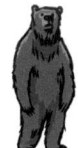

el oso
айиқ

el camello

туя

el avestruz

туяқуш

el león

шер

el mono

маймун

el flamenco

фламинго

el loro

тӯти

el oso polar

оқ айиқ

el pingüino

пингвин

el tiburón

акула

el pavo real

товус

la serpiente

илон

el cocodrilo

тимсоҳ

el cuidador del zoológico

ҳайвонот боғи қоровули

la foca

тюлень

el jaguar

ягуар

el poni

тӯпичоқ от

el leopardo

қоплон

el hipopótamo

бегемот

la jirafa

жирафа

el águila

бургут

el jabalí

эркак чӯчқа

el pescado

балиқ

la tortuga

тошбақа

la morsa

морж

el zorro

тулки

la gacela

оҳу

спорт ўйинлари

el fútbol americano
америка футболи

el ciclismo
велосипед ҳайдаш

el tenis
теннис

el básquet
баскетбол

la natación
сузиш

el boxeo
бокс

el hockey sobre hie
муз хоккейи

el fútbol
футбол

el bádminton
бадминтон

el atletismo
енгил атлетика

el handball
қўлтўпи

el esquí
чанғи учиш

el polo
поло

reír
кулмоқ

"tar
крамоқ

abrazar
қучмоқ

caminar
юрмоқ

cantar
куйламоқ

soñar
ҳаёл қилмоқ

rezar
ибодат қилмоқ

besar
ўпмоқ

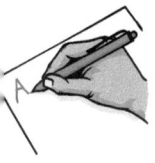

escribir

ёзмоқ

dibujar

чизмоқ

mostrar

кўрсатмоқ

presionar

итармоқ

dar

бермоқ

tomar

олмоқ

tener

эга бўлмоқ

hacer

бажармоқ

ser

бўлмоқ

estar parado

турмоқ

correr

югурмоқ

tirar

тортмоқ

tirar

улоқтирмоқ

caer

йиқилмоқ

estar acostado

алдамоқ

esperar

кутмоқ

llevar

ташимоқ

estar sentado

ўтирмоқ

vestirse

кийинмоқ

dormir

ухламоқ

despertar

уйғонмоқ

mirar

қарамоқ

llorar

йиғламоқ

acariciar

зарба бермоқ

peinar

тарамоқ

hablar

гаплашмоқ

entender

тушунмоқ

preguntar

сўрамоқ

escuchar

тингламоқ

beber

ичмоқ

comer

емоқ

ordenar

йиғиштирмоқ

amar

севмоқ

cocinar

пиширмоқ

manejar

ҳайдамоқ

volar

учмоқ

navegar

кемада сузмоқ

calcular

ҳисобламоқ

leer

ўқимоқ

aprender

ўрганмоқ

trabajar

ишламоқ

casarse

турмуш қурмоқ

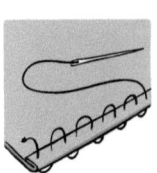

coser

тикмоқ

cepillarse los dientes

тиш ювмоқ

matar

ўлдирмоқ

fumar

чекмоқ

enviar

йўлламоқ

la familia
оила

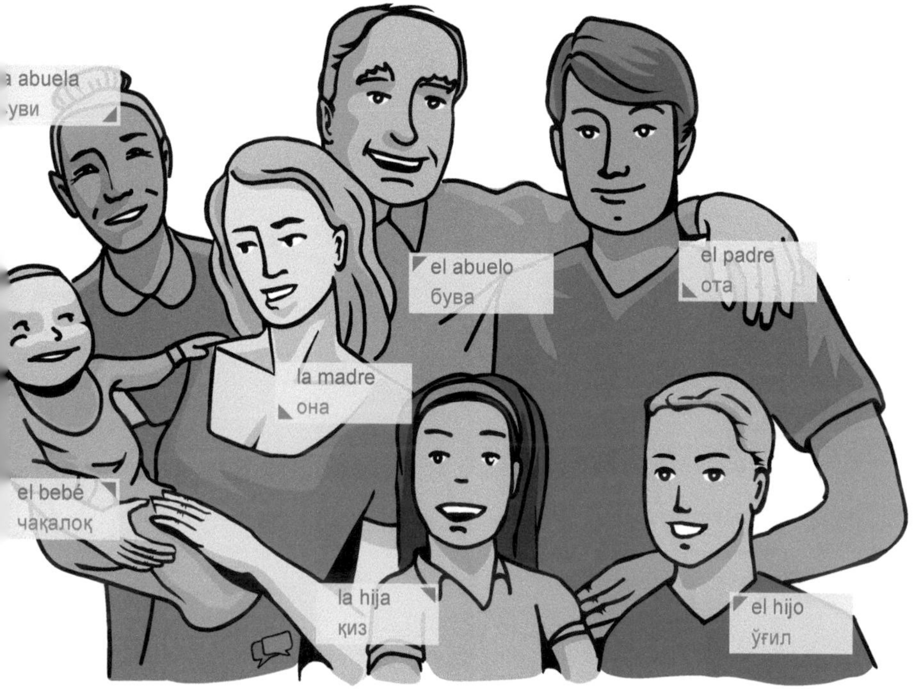
a abuela
уви
el abuelo
бува
el padre
ота
la madre
она
el bebé
чақалоқ
la hija
қиз
el hijo
ўғил

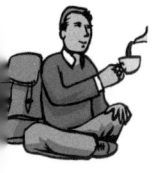

el invitado

меҳмон

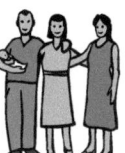

la tía

амма

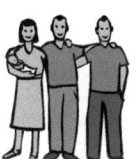

el tío

тоға

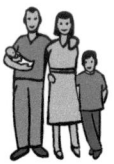

el hermano

ака

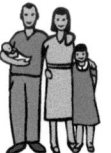

la hermana

опа

el cuerpo
тана

la frente
пешона
el ojo
кўз
el hombro
елка
el dedo
бармоқ
la cara
юз
la pera
ияк
la mano
қўл панжалари
la pierna
оёқ
el pecho
кўкрак
el brazo
қўл

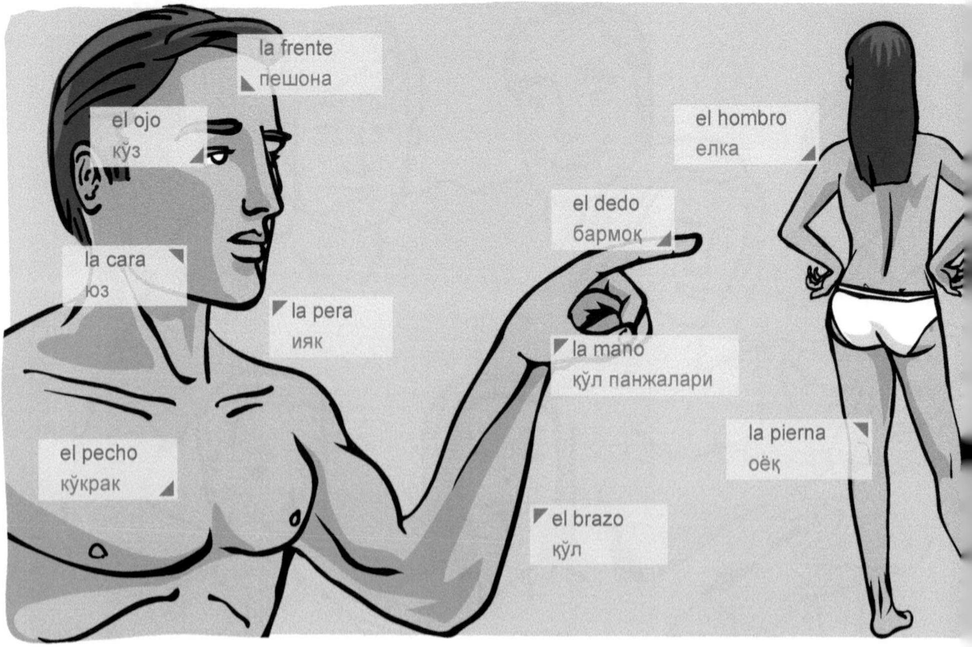

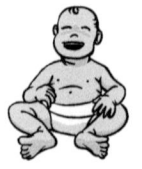

el bebé

чақалоқ

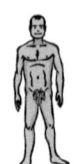

el hombre

одам

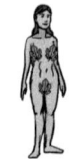

la mujer

аёл

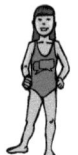

la nena

қиз бола

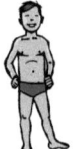

el nene

ўғил бола

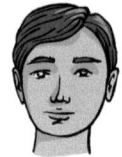

la cabeza

бош

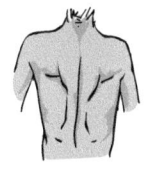

la espalda

орқа

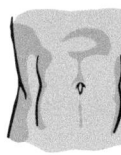

la panza

қорин

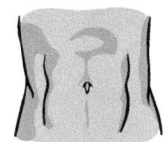

el ombligo

киндик

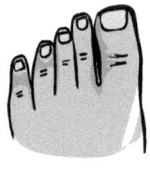

el dedo del pie

оёқ панжаси

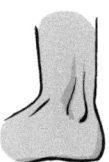

el talón

товон

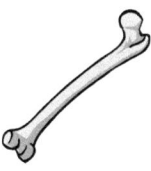

el hueso

суяк

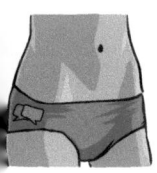

la cadera

бел

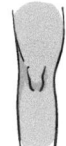

la rodilla

тизза

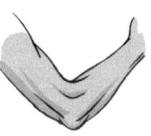

el codo

тирсак

la nariz

бурун

la cola

думба

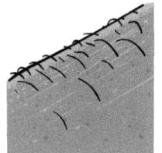

la piel

тери

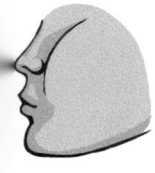

el cachete

яноқ

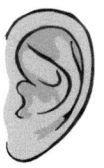

la oreja

қулоқ

el labio

лаб

la boca

оғиз

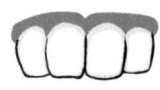

el diente

тиш

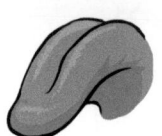

la lengua

тил

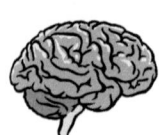

el cerebro

мия

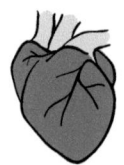

el corazón

юрак

el músculo

мушак

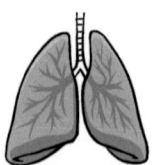

el pulmón

ўпка

el hígado

жигар

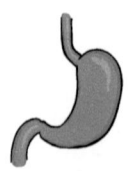

el estómago

ошқозон

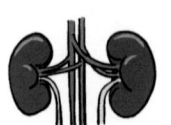

los riñones

буйрак

el sexo

жинсий алоқа

el preservativo

презерватив

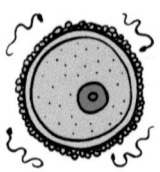

el óvulo

тухум ҳўжайра

el semen

уруғ

el embarazo

ҳомиладорлик

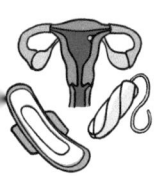

la menstruación

ҳайз

la vagina

бачадон

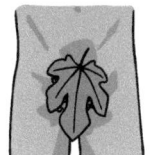

el pene

олат

la ceja

қош

el pelo

соч

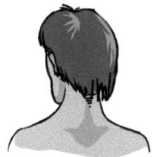

el cuello

бўйин

el hospital
шифохона

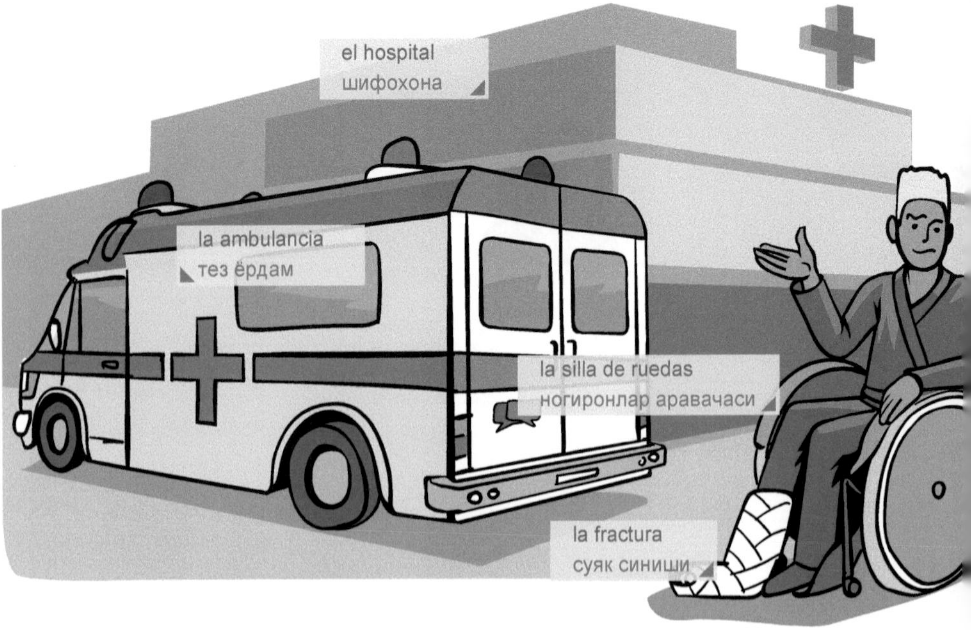

el hospital
шифохона
la ambulancia
тез ёрдам
la silla de ruedas
ногиронлар аравачаси
la fractura
суяк синиши

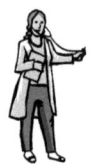

el médico

шифокор

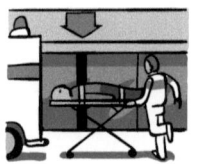

la sala de guardia

Шошилинч тиббий ёрдам кўрсатиш бўлими

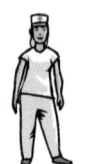

la enfermera

ҳамшира

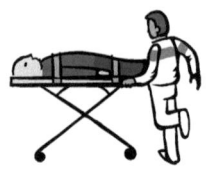

la emergencia

тез ёрдам

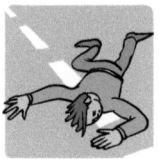

inconsciente

ҳушсизлик

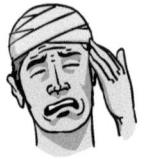

el dolor

оғриқ

la lesión

жароҳат

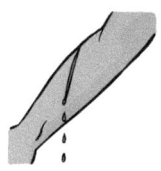

la hemorragia

қонаш

el infarto

юрак хуружи

el ACV

инсульт

la alergia

аллергия

la tos

йўтал

la fiebre

иситма

la gripe

тумов

la diarrea

ич кетиш

dolor de cabeza

бош оғриғи

el cáncer

саратон касали

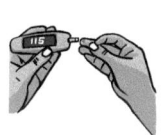

la diabetes

қандли диабет

el cirujano

жарроҳ

el bisturí

жарроҳ пичоғи

la operación

жарроҳлик амалиёти

la TC

томография

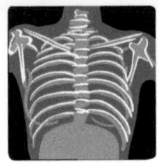

los rayos x

рентген

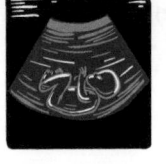

la ecografía

ултратовуш текшируви

el barbijo

юз ниқоби

la enfermedad

касаллик

la sala de espera

қабулхона

la muleta

қўлтиқтаёқ

la curita

малҳамли пластир

la venda

бинт

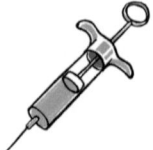

la inyección

укол

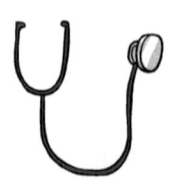

el estetoscopio

юрак урушини ва ўпкани
эшитиб кўрадиган асбоб

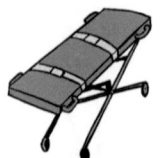

la camilla

беморлар учун замбил

el termómetro

термометр

el nacimiento

туғруқ

el sobrepeso

семизлик

el audífono

иитиш мосламаси

el desinfectante

дезинфекцияловчи восита

la infección

инфекция

el virus

вирус

el VIH / SIDA

ОИВ / ОИТС

el remedio

дори

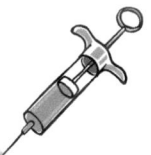

la vacunación

эмлаш

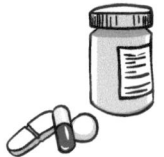

los comprimidos

таблетка

la pastilla anticonceptiva

дори

nada de emergencia

ёрдам қўнғироғи

el tensiómetro

қон босимини ўлчаш
асбоби

enfermo / sano

касал / соғлом

¡Ayuda!

Ёрдам бер

инглар!

la alarma

хавф-хатар ишораси

la agresión

тажовуз

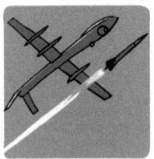

el ataque

ҳужум

el peligro

хавф

la salida de emergencia

фавкулодда холатларда
чиқиш эшиги

¡Fuego!

Ёнғин!

el matafuego

ўт ўчиргич

el accidente

фалокат

el botiquín de primeros
auxilios

биринчи тиббий ёрдам
тўплами

el SOS

фалокат сигнали

la policía

полиция

Europa

Европа

América del Norte

Шимолий Америка

América del Sur

Жанубий Америка

África

Африка

Asia

Осиё

Australia

Австралия

el Atlántico

тлантик океани

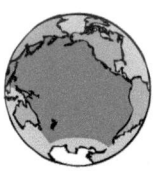

el Pacífico

Тинч океани

el Océano Índico

Ҳинд океани

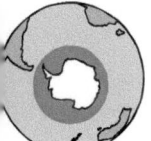

Océano Antártico

тарктида океани

el Océano Ártico

Арктика океани

el polo norte

Шимолий кутб

el polo sur

Жанубий қутб

la Antártida

Антарктика

la Tierra

Ер

la tierra

ўлка

el mar

денгиз

la isla

орол

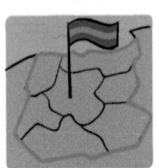

la nación

миллат

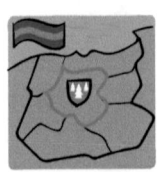

el estado

давлат

la esfera

астрономик вақт
кўрсатгичи

la manecilla de las horas

соат мили

el minutero

дақиқа мили

el segundero

сония мили

¿Qué hora es?

Соат неча?

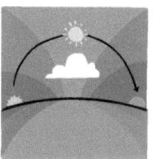

el día

кун

la hora

вақт

ahora

ҳозир

el reloj digital

рақамли соат

el minuto

дақиқа

la hora

соат

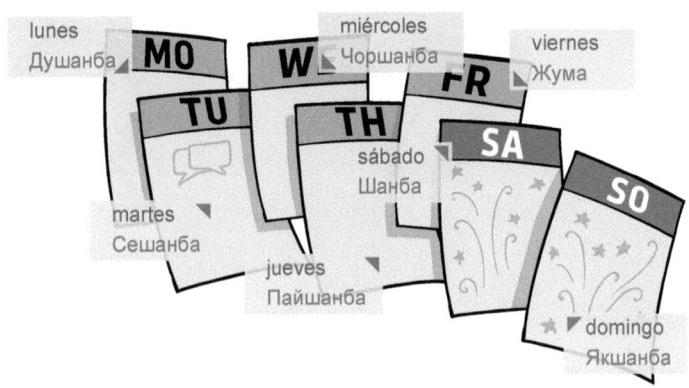

lunes
Душанба

miércoles
Чоршанба

viernes
Жума

martes
Сешанба

jueves
Пайшанба

sábado
Шанба

domingo
Якшанба

ayer

кеча

hoy

бугун

mañana

эртага

la mañana

эрталаб

el mediodía

пешин

la tarde

кечкурун

MO	TU	WE	TH	FR	SA	SU
1	2	3	4	5	6	7
8	9	10	11	12	13	14
15	16	17	18	19	20	21
22	23	24	25	26	27	28
29	30	31	1	2	3	4

los días hábiles

иш кунлари

MO	TU	WE	TH	FR	SA	SU
1	2	3	4	5	6	7
8	9	10	11	12	13	14
15	16	17	18	19	20	21
22	23	24	25	26	27	28
29	30	31	1	2	3	4

el fin de semana

дам олиш кунлари

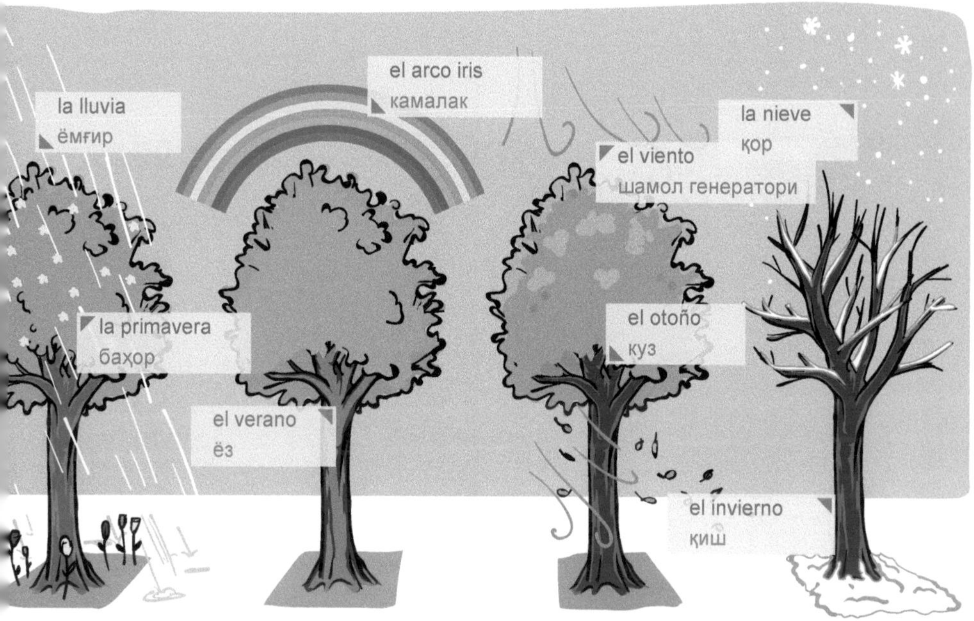

la lluvia
ёмғир

el arco iris
камалак

la nieve
қор

el viento
шамол генератори

la primavera
баҳор

el otoño
куз

el verano
ёз

el invierno
қиш

4.APRIL	11°	☀
5.APRIL	4°	
6.APRIL	13°	
7.APRIL	8°	☀
8.APRIL	10°	☀

...óstico meteorológico

ҳаво маълумоти

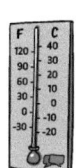
el termómetro

термометр

la luz del sol

қуёшли

la nube

булут

la niebla

туман

la humedad

намгарчилик

el rayo

чақмоқ

el trueno

момоқалдироқ

la tormenta

бўрон

el granizo

дўл

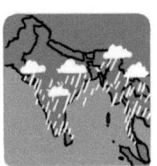

el monzón

намгарчилик мавсуми

la inundación

тошқин

el hielo

муз

enero

Январь

febrero

Февраль

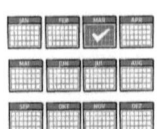

marzo

Март

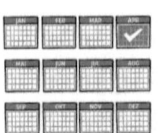

abril

Апрель

mayo

Май

junio

Июнь

julio

Июль

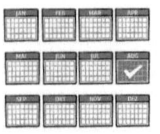

agosto

Август

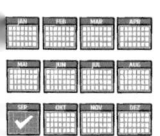

septiembre
....
Сентябрь

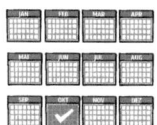

octubre
....
Октябрь

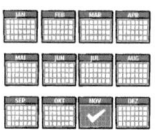

noviembre
....
Ноябрь

diciembre
....
Декабрь

las formas
шакллар

el círculo
....
айлана

el cuadrado
....
квадрат

el rectángulo
....
тӯртбурчак

el triángulo
....
учбурчак

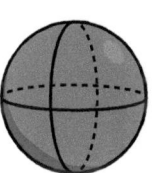

la esfera
....
доира

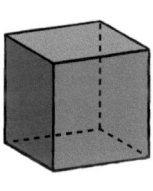

el cubo
....
куб

blanco

оқ

amarillo

сариқ

naranja

сабзи ранг

rosa

пушти

rojo

қизил

violeta

тўқ қизил

azul

кўк

verde

яшил

marrón

жигар ранг

gris

кул ранг

negro

қора

mucho / poco

кўп / оз

enojado / tranquilo

ғазабли / хотиржам

lindo / feo

гўзал / хунук

l principio / el fin

боши / охири

grande / chico

катта / кичик

claro / oscuro

ёруғ / қоронғу

rmano / la hermana

ака / сингил

limpio / sucio

тоза / ифлос

completo / incompleto

тўлиқ / чала

l día / la noche

кун / тун

muerto / vivo

ўлик / тирик

ancho / angosto

кенг / тор

comestible / no comestible

....

еса бўладиган / еса
бўлмайдиган

malo / amable

....

ёвуз / хайрли

entusiasmado / aburrido

....

ҳаяжонли / зерикарли

gordo / flaco

....

семиз / озғин

primero / último

....

биринчи / охирги

el amigo / el enemigo

....

дўст / душман

lleno / vacío

....

тўла / бўш

duro / blando

....

қаттиқ / юмшоқ

pesado / liviano

....

оғир / енгил

el hambre / la sed

....

очлик / чанқов

enfermo / sano

....

касал / соғлом

ilegal / legal

....

ноқонуний / қонуний

inteligente / estúpido

....

зиёли / калтафаҳм

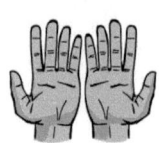

izquierda / derecha

....

чап / ўнг

cerca / lejos

....

яқин / узоқ

nuevo / usado

нги / ишлатилган

nada / algo

ҳеч нарса / бир нарса

viejo / joven

қари / ёш

cendido / apagado

ёниқ / ўчиқ

abierto / cerrado

очиқ / ёпиқ

silencioso / ruidoso

паст / баланд

rico / pobre

бой / камбағал

correcto / incorrecto

тўғри / нотўғри

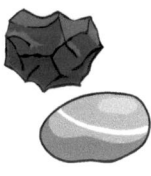

áspero / suave

нотекис / текис

riste / contento

афа / хурсанд

corto / largo

қисқа / узун

lento / rápido

секин / тез

mojado / seco

нам / қуруқ

caliente / frío

илиқ / салқин

guerra / paz

уруш / тинчлик

0
cero
ноль

1
uno
бир

2
dos
икки

3
tres
уч

4
cuatro
тўрт

5
cinco
беш

6
seis
олти

7
siete
етти

8
ocho
саккиз

9
nueve
тўққиз

10
diez
ўн

11
once
ўн бир

12
doce

ўн икки

13
trece

ўн уч

14
catorce

ўн тўрт

15
quince

ўн беш

16
dieciséis

ўн олти

17
diecisiete

ўн етти

18
dieciocho

ўн саккиз

19
diecinueve

ўн тўққиз

20
veinte

йигирма

100
cien

юз

1.000
mil

минг

1.000.000
el millón

миллион

los números - рақамлар

los idiomas

тиллар

el inglés

Инглиз

el inglés americano

Америкача инглиз тили

el chino mandarín

Хитой тилининг Мандарин лаҳчаси

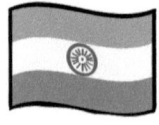

el hindi

Ҳинд

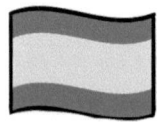

el español

Испан

el francés

Француз

el árabe

Араб

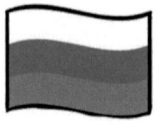

el ruso

Рус

el portugués

Португал

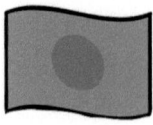

el bengalí

Бенгал

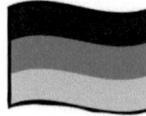

el alemán

Немис

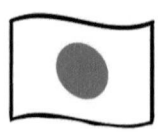

el japonés

Япон

yo

Мен

vos

Сен

él / ella

у / у / у

nosotros

биз

ustedes

сизлар

ellos

улар

¿quién?

ким?

¿qué?

нима?

¿cómo?

қандай?

¿dónde?

қаерда?

¿cuándo?

қачон?

el nombre

исм

dónde
қаерда

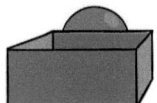

detrás

орқада

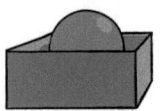

en

ичида

adelante de

олдида

por encima de

узра

sobre

устида

debajo de

тагида

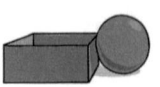

al lado de

ёнида

entre

ўртасида

el lugar

жой